Penhaligon's Duftende Bibliothek

DIE SPRACHE DER BLUMEN

Die Sprache der Blumen

Sheila Pickles

Ins Deutsche übertragen
und bearbeitet von
Angelika Koller

arsEdition

Reich ist an Blumen die Flur;
doch einige sind nur dem Auge,
andre dem Herzen nur schön;
wähle dir, Leser, nun selbst!

Johann Wolfgang von Goethe

Einleitung

Laß Lieb'sgeflüster vollkommen leise hören
Um deine Neigung auserlesenst zu beschwören,
Fänd keine Blüte passender Verwendung.
Und nehmen sie in deinem Strauße Platz,
Dann grübelt hin und her dein lieber Schatz,
Was süßer sei die Blumen oder deren Sinn und Sendung.

Elizabeth Barrett Browning (1806-1861)*

Liebe Leserinnen und Leser,

Was könnte erfreulicher sein, als mit einem Blumenstrauß überrascht zu werden? Veilchen zum Valentinstag, Maiglöckchen auf den Frühstückstisch oder Zweige mit Hagebutten von einem Herbstspaziergang. Queen Victoria schickte ihrem Premier Disraeli jeden Morgen Schlüsselblumen, seit sie wußte, daß er diese mochte.

Die Freude wird noch größer sein, wenn man weiß, daß die Blumen eine Botschaft überbringen. So wünschte die ägyptische Gastgeberin mit dem Lotos, es möge ihrem Gast in diesem und im nächsten Leben wohlergehen.

Die Bedeutung vieler Blumen rührt aus Mythen her, welche die Griechen über ihre Entstehung erzählten. Als uns Blumen von anderen Kontinenten erreichten, übernahm man teils die traditionelle Symbolik, teils dachte man sich in Europa eine neue aus. Shakespeare's Gestalten, etwa in *Hamlet* oder *Wintermärchen*, belehren uns über den Sinn der Blumen. Goethe enträtselt im *Frühling* und anderen Gedichten die Sprache der Blumen. Humorvoll reimt er:

Wann magst du dich am liebsten bücken?
Dem Liebchen Frühlingsblume zu pflücken.

Französische Galanterie zeigte oft den Weg. Für Julia de Rambouillet schufen Maler und Dichter im 17. Jahrhundert ein Blumenbuch. Madame de la Tour verfaßte eine *Langage des Fleurs*, welche die Grundlage vieler späterer Blumensprachen bildete.

Die Wahl der Blumenart war überaus bedeutsam. Von Lichtmeß bis Weihnachten ermöglichte es der Reichtum der Natur, Gefühle nuancenreich auszudrücken, ohne Worte zu benutzen. Efeu konnte Treue versichern, bedauernswert, wer Narzissen erhielt: der Absender interessierte sich nur für sich selbst. Immer sollte man die Bedeutung der Farben beachten. Während eine rote *Rose la France* zum Stelldichein bei Mondschein einlud, drückte eine gelbe Rose schwindende Liebesgefühle aus.

Auch die Präsentation sprach Bände. Überreichte man Blumen mit dem Kopf nach unten, meinten sie das Gegenteil. Band man eine Schleife darum und legte das Band nach links, bezog sich die Symbolik auf den Geber. War das Band rechts, galt sie dem Beschenkten. Die Dame konnte immer durch die Blume antworten. Trug sie das Geschenk am Busen, signalisierte sie Liebe. Steckte sie sich die Blume ins Haar, wies sie den Verehrer ab.

Wer heute eine der Blumen nicht erhält, die dieses Buch beschreibt, oder andere Gefühle ausdrücken möchte, möge sich nicht abhalten lassen. Stellen Sie im Blumenladen einen Strauß in einer bedeutungsvollen Farbe zusammen, Rot für Liebe, Rosa für Zärtlichkeit, Blau für Treue und Sehnsucht, Weiß für Reinheit und geistige Schönheit, Gold für Glück … Schenken Sie neutrale Blumen mit einer Karte, auf der *Ihre* Blumen abgebildet sind oder mit einem Fläschchen Duftöl.

In der Sprache der Blumen kommt es auf den Sinn für Schönheit an. Da kein Geschenk zarter und persönlicher sein könnte, spielen von jeher subjektive Elemente eine Rolle. Vielleicht hatten Sie mit einer Blume Erlebnisse, die allem widersprechen, was hier gesagt wird: Dann haben Sie Ihr Symbol gefunden.

Sheila Pickles *Angelika Koller*

Inhalt

AMARYLLIS

Stolz

Zeigt Amaryllis ihren reichen, feurigroten Schopf,
Neigt Lilie verschämt den Kopf.
In ihrem Topf sich Amaryllis stolz plaziert,
Wie aufgeputzt manch Mädchen rumstolziert,
Damit sie aller Leute Blicke auf sich zieht.
So ist der Mensch: wie eine Elster sieht
Er fasziniert auf derlei Glanz.
Doch rasch vorüber geht der Tanz!
Sie knospt, erblüht, verwelkt, sie ist gestorben,
Und die Bewunderer verachten sie, ist sie verdorben.

ANONYM*

Amaryllis hießen schöne, stolze Hirtinnen, die in der Dichtung ihre Verehrer zum Wahnsinn treiben. Theokrit (310-250 v. Chr.) klagt über die *Nymphe mit dem lachenden Blick: Du steinerne!* Der Name leitet sich vom griechischen Wort für *blendend* her. Die italienische Bezeichnung *belladonna* erkennt sie als die kühle *Schöne Dame des Minnesangs.* In der Blumensprache symbolisiert Amaryllis die Varianten des Stolzes bis zur Hochnäsigkeit, vielleicht, weil man sie schwer zum Blühen bringt; dann aber stellt sie kurzfristig alles ringsum in den Schatten.

JAMES T. WATTS

ANEMONE

Einsamkeit, Verlassenheit

Zarter Blumen leicht Gewinde
Flecht ich Dir zum Angebinde;
Unvergängliches zu bieten,
War mir leider nicht beschieden. (...)
Und so bringt vom fernen Orte
Dieses Blatt Dir Blumenworte;
Mögen sie vor Deinen Blicken
Sich in bunten Farben schmücken!

MARIANNE VON WILLEMER (1784-1860) AN GOETHE

Im tiefen Wald findet man ab Februar Anemonen, auch *Windröschen* genannt. Ihr Name stammt entweder vom Griechischen *anemos*, dem Wind, oder von *anima*, der Seele. Im Mythos ist die Nymphe Anemone die heimliche, daher oft einsame Geliebte des Windgottes Zephir. Er trägt auch die verlassene Anima-Psyche auf den Olymp zu Eros. Schon damals drückten Anemonenkränze aus, daß sich eine liebende Seele selbst in einer Menschenmasse ohne den Geliebten verloren, krank und traurig fühlt.

Dem Volksglauben zufolge schützt die Anemone gegen Hexerei und dient zum Beispiel bei Augenkrankheiten als Heilmittel. Wer die ersten drei Windröschen, die er entdeckt, ißt, bleibt das ganze Jahr über gesund und froh.

Bluebell

Beständigkeit

Die wilde Rose überwächst den Haselstrauch,
Und Geißblattranken schaukeln sich im sanften Hauch
Des Winds auf ihrem Sommerthron; und geben soll's dort
Das Wechselspiel von Licht und Schatten immerfort,
Wie's junger Bäume Laub wirft auf den Grund,
Wo moosig alte Wurzeln tragen frisches Grün im Rund.
Den Ort umrauscht das Lied von hundert Quellen,
Die dir von ihrer Töchter Lieblichkeit erzählen,
Das Lied der Bluebells: Hörst du die Wasser klagen,
Daß so schöne Blüten in den Frühlingstagen
Herzlos gepflückt und weggeworfen werden
Von Kindern. Vergessen liegen sie am Weg und sterben.

JOHN KEATS (1795-1821)*

Bluebells, eine Hyazinthenart, gehören zu den unempfindlichsten Blumen Englands. Jahr um Jahr kann man sich im Mai daran erfreuen, wie sie die Wiesen in einen blauen Teppich verwandeln. Weil sie mit solcher Sicherheit wiederkehren, wurden sie zum Symbol der Treue, auch wenn sie in der Vase nicht lange halten.

Blau ist die Farbe der Sehnsucht und der Beständigkeit. So kann man statt Bluebells auch blaue Hyazinthen oder Glockenblumen verschenken. Dichter wie Novalis, Brentano oder Keats besingen ebenfalls die *Blaue Blume*, ohne sie mit botanischer Genauigkeit zu benennen.

Kamelie

Vollkommener Liebreiz

Violetta: Ich kann nicht lieben, nicht so große Gefühle aufbringen. Ich bin ehrlich mit Dir, ernsthaft … Du solltest Dich nach jemand anderem umschauen, dann fiele es dir leicht, mich zu vergessen …
Alfredo: Ich gehorche Deinem Wunsch und gehe.
(Er wendet sich ab.)
Violetta: So ist es soweit gekommen?
(Sie löst eine Kamelie vom Kleid.)
Hier, nimm diese Blume.
Alfredo: Warum?
Violetta: Damit Du sie mir zurückbringen kannst.
Alfredo: (Dreht sich zu ihr um.) Wann?
Violetta: Wenn sie verwelkt ist.
Alfredo: Du meinst … morgen?
Violetta: Natürlich, morgen.

Libretto von *La Traviata*, Giuseppe Verdi (1813-1901)

Berühmt wurden die Kamelien durch eine Pariser Kurtisane: Alphonsine Plessis zählte u. a. Franz Liszt und Alexandre Dumas d. J. zu ihren Verehrern und starb mit zweiundzwanzig Jahren. Sie inspirierte Dumas zu seinem Roman *Die Kameliendame*, nach dem Giuseppe Verdis Oper *La Traviata* entstand.

Weiße Kamelien wuchsen ursprünglich in China, Japan, Formosa, Korea und Birma. Malerei und Dichtung Asiens bezeugen die Liebe zur Kamelie. In den Südstaaten der USA sind sie inzwischen so beliebt, daß man alljährlich eine *Miss Camellia* wählt.

Wer Kamelien schenkt, möchte seine Bewunderung für die unaufdringliche Überlegenheit der anderen Person ausdrücken, oder fragt manchen Interpreten zufolge auch: Wirst Du Deinen vornehmen Anstand nie aufgeben und weniger fremd tun?

NELKE

Hellrote Nelke – Unerfüllte Leidenschaft
Gestreifte Nelke – Weigerung, Absage
Gelbe Nelke – Verachtung

Du sendest mir das Blut von Deinem Mund und Wangen,
Und eine Nelke muß Dein teurer Bote sein
Ich schaue zwar das Blut auf weißen Feldern prangen,
Doch stellt die Wärme sich hier nicht als Nachbar ein …
Du wirst mir einen Kuß bei dieser Nelke schenken
Und zeigen, daß Dein Mund mehr als die Blume kann.

CHRISTIAN HOFMANN VON HOFMANNSWALDAU (1617-1679)

Die Farbe entscheidet über die Bedeutung einer Nelke. Hofmannswaldaus Gedicht beschreibt die Übersendung einer gestreiften Nelke als Zeichen der Weigerung, sich auf eine Liebesbeziehung einzulassen. Dunkelrot steht für Tatkraft, Hellrot für Leidenschaft, Rosa für erwiderte Liebe, Gelb für Verachtung und Weiß für Treue.

Die Nelke wurde von den Römern am Golf von Biskaya entdeckt. Vom Mittelalter an waren leuchtend rote Nelken vor allem in Frankreich sehr beliebt König Ludwig IX. bekämpfte die Pest mit Nelken, Adelige trugen sie auf dem Weg zur Guillotine, Condés Soldaten trugen sie als Sinnbild ihrer Tapferkeit, und Napoleon wählte die Farbe Nelkenrot für das Bändchen der Ehrenlegion. Nach England soll die Nelke durch die Normannen gekommen sein. Diese importierten Baumaterial aus Frankreich, bald wuchs die Nelke wild auf den Schloßmauern der Eroberer.

Sind Sie bei Konservativen zu Gast, sollten Sie rote Nelken weder als Strauß verschenken noch als Knopflochblume tragen: sie sind als Freiheitssymbol den Sozialisten und Kommunisten vorbehalten.

CHRYSANTHEME

Rote Chrysantheme – Ich liebe Dich
Gelbe Chrysantheme – Oberflächliche Liebelei
Weiße Chrysantheme – Aufrichtigkeit

Wenn rauh der Frost den Rasen deckt,
Dann welken alle Blumen hin,
Und nur die Chrysantheme noch
Vermag in voller Pracht zu blühn.
Sind alle, alle doch bereit,
Sich fügsam mit der Zeit zu drehn,
Die Chrysantheme nur vermag
Dem Frost der Welt zu widerstehn.

WEI YING-WU (737-790, CHINA)

Der Name Chrysantheme, der aus dem Griechischen stammt, bedeutet *Goldene Blume*, doch gibt es sie in zahlreichen Farben.

Bei Chrysanthemen denkt mancher an Friedhofsbesuche im November, an Beerdigungen. Sie erinnern aber nicht an die Macht des Todes, sondern an die Unsterblichkeit der menschlichen Seele, weil sie als einzige Blumen den winterlichen Frost aushalten. So sind sie eigentlich Symbole der Unbesiegbarkeit und Lebenskraft.

In China, wo die Chrysanthemen herkommen, hat man vor allem diese Qualitäten geschätzt. Man schmückte die Tempel damit und züchtete sie am Kaiserhof. Anno 313 gelangte die Chrysantheme nach Japan und wurde zur Nationalblume. Sie schmückte die Schwerter des Mikado, das Staatswappen und die Haare der Damen. Wie man im Frühjahr die Kirschblüte feiert, so feiert man im Herbst das Chrysanthemenfest als Fest der Lebensfreude.

Klematis

Geistige Schönheit

O, schmücke dich, du grün belaubtes Dach,
Du sollst die Anmutsstrahlende empfangen!
Ihr Zweige, baut ein schattendes Gemach,
Mit holder Nacht sie heimlich zu umfangen!
Und all ihr Schmeichellüfte, werdet wach
Und scherzt und spielt um ihre Rosenwangen,
Wenn seine schöne Bürde, leicht bewegt,
Der zarte Fuß zum Sitz der Liebe trägt.

Friedrich von Schiller (1759-1806), Die Erwartung

Die Klematis, mit deutschem Namen *Waldrebe*, wächst in vielen Gegenden Europas in den Wäldern und rankt sich an anderen Pflanzen empor, bis sie ans Licht der Sonne gerät. Dieses Streben nach Licht ließ sie wohl zum Sinnbild geistiger Schönheit werden.

In England erlangte die Klematis große Popularität, wie die Vielfalt der Namen zeigt: Klingt *Hedgevine (Heckenrebe)* noch nüchtern, so schwingt in *Traveller's Joy (Wanderers Freude)*, *Maiden-hair (Mädchenhaar)* oder *Love-bind (Liebesfessel)* die ganze Blumenfreude mit. Ist sie verblüht, wird sie weniger schmeichelhaft zu *Grandfather's Whiskers (Großvaters Backenbart)*.

Die Dichter besangen gern den *Virgin's Bower*, die *Jungfrauenlaube*, welche die geliebte Dame vor zuviel Sommersonne und neugierigen Blicken schützte. Angeblich ehrt diese Bezeichnung Elisabeth I., die als *Jungfräuliche Königin* regierte. Elisabeth besaß manche Eigenschaften, welche die Klematis symbolisiert: Sie war nicht berühmt wegen ihrer Schönheit, sondern wegen ihrer geistigen Klarheit und Offenheit.

Akelei

Torheit, Überspanntheit

Wer zum ersten Male liebt,
Sei's auch glücklos, ist ein Gott;
Aber wer zum zweiten Male
Glücklos liebt, der ist ein Narr.
Ich, ein solcher Narr, ich liebe
Wieder ohne Gegenliebe!
Sonne, Mond und Sterne lachen.
Und ich lache mit – und sterbe.

HEINRICH HEINE (1797-1856)

Statt die Liebe Ophelias zu erwidern, gab Hamlet ihr den Rat, ins Kloster zu gehen. Sie wurde wahnsinnig und pflückte sich einen Strauß mit vielen Akeleien.

Wieder unterscheidet man in der Bedeutung der Blume manche Nuancen. Sie verweist auf Extravaganz, Überspanntheit, übergroße Sensibilität. Rote Akeleien symbolisieren Besorgnis, purpurne Entschlossenheit, und beides kann ins Wahnhafte ausufern.

Der lateinische Name *Aquilegia* kommt entweder von *aquila*, dem Adler und bezieht sich auf die krallenartige Blütenform, oder von *aquilegium*, dem Wasserbehälter, weil die Blüten den Tau auffangen können. In Italien heißt sie *Columbina*, die Blume der Taube. Demzufolge findet sie sich oft auf alten Gemälden als Symbol des Heiligen Geists.

Kornblume

Zärtlichkeit

Sicheln schallen,
Ähren fallen
Unter Sichelschall.
Auf den Mädchenhüten
Zittern blaue Blüten,
Wonn' ist überall.
Jeder scherzet,
Jeder herzet
Dann sein Liebchen fein.
Nach geleerten Kannen,
Gehen sie von dannen,
Singen noch im Hain.

Ludwig Hölty (1748-1776), Erntelied

Früher trug ein Mädchen eine Kornblume, wenn sie sich reif für die Hochzeit fühlte. Man führte verschiedene Liebesorakel mit Kornblumen durch. Junge Männer steckten eine Blüte in die Tasche, wenn sie verliebt waren. Lebte die Blume anderntags noch, war das eine Heiratsempfehlung. Ledige konnten für sich und den Herzliebsten je eine Kornblume zwischen Samenkapsel und Blüte abschneiden und am Busen verstecken. Wuchsen beide Samenkapseln aus, war gegenseitige Liebe vorhanden, wuchs nur eine aus, war die Liebe nur einseitig.

Der Volksglaube schreibt der Kornblume Heilkräfte zu. Sie hilft bei Nasenbluten. Als Chiron, der Kentaur, von Herakles verletzt wurde, stillte er mit Kornblumen die Blutung. Tee aus Kornblumen gilt als Mittel gegen Keuchhusten. Und wer Feinde überwinden möchte, gehe in der Johannisnacht aufs Feld, reiße um Mitternacht Kornblumen aus und spreche feierlich: *Ab – Mab – Bab!*

KAISERKRONE

Majestät, Macht

Der bittersüßliche Geruch,
So aus den Kaiserkronen quillt,
Ist ein mit Lehr' erfülltes Bild,
Daß auch der allerhöchste Stand
Mit Bitterkeit oft angefüllt.

BARTHOLD HINRICH BROCKES (1680-1747),
AUS: DIE KAISERKRONE

Man sieht auf einen Blick, wie die Kaiserkrone zu ihrem Namen kam. Dem majestätischen Aussehen entspricht der Geruch nicht unbedingt. Er ist bitterer, als man bei einer Lilienart erwartet. Kaum hatte der Blumenforscher l'Ecluse (1526-1609) die Kaiserkrone aus Konstantinopel mitgebracht, schmückte jeder Europäer, der auf sich hielt, damit seinen Garten zum Kaiserreich aus.

Aber auch nützlich war diese Blume: Man konnte Stärke für die barocken Spitzenkrägen und Halskrausen daraus gewinnen. Aus den Zwiebeln mancher Sorten, den *Eskimokartoffeln*, wurde in Sibirien Brot gebacken.

MÄRZENBECHER

Rücksichtnahme, Achtsamkeit, Ritterlichkeit

Ich zog wie Wolken, die hoch am Himmel
Die Täler und die Berge überfliegen.
Und überraschend sah ich ein Gewimmel,
Ein Volk von goldnen Märzenbechern vor mir liegen.
Am Ufer eines Sees, auf Auen, unter Bäumen
Wiegten sie sich im Wind. Ich schien zu träumen.
Sie strahlten zahllos wie die Sterne
Und zauberten entlang der Uferwiese
Mir eine Milchstraß' aus der Himmelsferne
Zum Greifen nahe unter meine Füße.
Mit einem Blick erfaßt ich tausendfachen Glanz
Als diese Blumen blühten auf zum Lebenstanz.

WILLIAM WORDSWORTH (1770-1850)*

Wordsworths berühmtes Gedicht machte die Märzenbecher unsterblich, die im Frühjahr eine Wiese in ein goldenes Märchenland verwandeln. Oder sind es die Märzenbecher, welche den Dichtern zu Ruhm verhelfen?

Blumen und Sterne vergleicht schon Paracelsus. Für ihn war jeder Stern ein Gewächs, dem eine Pflanze auf Erden entspricht, und jede Pflanze ein irdischer Stern.

Auf die Märzenbecher trifft das besonders zu. Golden wie Sterne brechen sie aus der Nacht des Winters hervor, um den Frühling zu verkünden. Sobald die Sonne heiße Sommertage beschert, müssen sie vergehen. Deshalb sind die Märzenbecher auch dem Mythos verbunden, wie ihn Shakespeares Perdita im *Wintermärchen* erzählt: Als Hades Persephone entführt, wirft sie die Blumen, die sie pflückte, weg. Sie verwandeln sich in Märzenbecher, Vertreter der Göttin, während sie bei Hades in der Unterwelt weilt.

GÄNSEBLÜMCHEN

Kindliche Unschuld

O die guten Kinder! Sie durchhüpften
Oft den Garten, flochten
Sich von Gänseblumen Kronen,
Kränzten ihre Haare.
Fröhlich raubten sie dem Vater Küsse
Von den braunen Wangen,
Wenn er sie voll Zärtlichkeit
Auf den Knien wiegte.

LUDWIG HÖLTY (1748-1776), ELEGIE AUF EINEN DORFFRIEDHOF

Gänseblümchen sind zuerst Kinderblumen. Die Kleinsten von China bis Schweden reißen sie ab, sobald sie laufen können. Später flicht man Kränze und Halsketten daraus, um Prinz und Prinzessin zu spielen.

Beginnt der Ernst der Liebe, wird das Gänseblümchen entblättert, wozu es viele Abzählverse gibt. *Ledig sein, Hochzeit han, ins Klösterle gan, schwarzer Schrein*, sagte das 15. Jahrhundert. *Elle m'aime, pas du tout, un peu, beaucoup, passionnement*, heißt es in Frankreich. Dann sollte die Blume aber einen anderen ihrer 125 Namen erhalten, *Tausendschönchen, Maßliebchen, Daisy* (englisch: *Tagauge*) oder wie in Schweden *Priesterkragen.*

Löwenzahn

Hellsicht, Ehrlichkeit

Zwischen Weizen und Korn,
Zwischen Hecken und Dorn,
Zwischen Bäumen und Gras,
Wo gehts Liebchen?
Sag mir das!
Fand mein Holdchen
Nicht daheim;
Muß das Goldchen
Draußen sein.
Grünt und blühet
Schön der Mai,
Liebchen ziehet
Froh und frei.
An dem Felsen beim Fluß,
Wo sie reichte den Kuß,
Jenen ersten im Gras,
Seh ich etwas!
Ist sie das?

Johann Wolfgang von Goethe (1749-1832), Mailied

Löwenzahn wird in allen Phasen seines Pflanzenlebens gern zu volkstümlichen Orakeln herangezogen und versinnbildlicht darum Hellsicht und Ehrlichkeit.

Sind die Wiesen gelb wie die Post oder ein Löwenfell, dann gibt es eine gute Ernte. Wie beim Maßliebchen kann man die Blütenblätter auszupfen: *Sie liebt mich, sie liebt mich nicht* ... Es dauert nur länger.

Verwandelt sich der Löwenzahn zur weißen *Lichter-* oder *Pusteblume*, muß man die gefiederten Samen wegblasen, um zu erfahren, was die Stunde geschlagen hat. So viele Samen hängenbleiben, so viele Jahre sind noch bis zur Hochzeit oder bis zum Tod. So viele Samen bei jemand auf dem Kleid liegenbleiben, so viele Sünden hat er. Wer nach dem Blasen einen weißen Fruchtboden sieht, darf aufatmen: Er kommt in den Himmel. Aber wehe, wer einen schwarzen erwischt hat: das *Teufelslicht* prophezeit ihm dann die Hölle.

Vergissmeinnicht

Wahre Liebe

Ach, wie wär's möglich dann,
Daß ich dich lassen kann!
Hab dich so herzlich lieb, das glaube mir!
Du hast das Herze mein
Ganz mir genommen ein,
Daß ich kein andre lieb, als dich allein!
Blau blüht ein Blümelein,
Daß heißt Vergiß-nicht-mein,
Das Blümlein leg ans Herz und denk an mich!
Stirbt Blum' und Hoffnung gleich,
Wir sind an Liebe reich,
Denn die stirbt nicht bei mir, das glaube mir.

Helmine von Chézy (1783-1856)

Wer Vergißmeinnicht verschenkt, versieht seine Gefühle mit einem ernsthaften, blauen Ausrufezeichen. Alle Namenslegenden berichten von wahrer Liebe.

Im Orient sagt man, ein Engel verliebte sich in eine Frau und wurde zur Strafe aus dem Paradies verbannt. Als der Engel weinte, gab Allah ihm eine Chance: Er sollte in aller Welt Vergißmeinnicht pflanzen. Mutlos erzählte es der Engel seiner Frau, doch sie versprach, ihm zu helfen. Gerührt von solcher Liebe ließ Allah Gnade walten und holte beide ins Paradies.

Ein Ritter habe in voller Rüstung seiner Liebsten Blumen gepflückt, heißt es in Europa, sei ins Wasser gefallen und ertrunken. Die Dame bekam den Strauß und blieb ihr Leben lang dem Toten treu. In Goethes Gedicht vom *Blümlein Wunderschön* hält die Gewißheit, daß seine Frau ihn nicht vergißt, den gefangenen Grafen am Leben.

FINGERHUT

Unaufrichtigkeit, Selbstbetrug

Am Fingerhut wohl viel Glocken hangen,
Doch ihr Geläut verrät nichts vom Spiel
Der Feen, der Feen.
Tausend Jahre und mehr sind schon vergangen,
Während du glaubst, du kämst durchaus
In einer Stunde ans Ziel.
Wenn dich die Feen gefangen,
Hilft kein Glockenschlag dir mehr nach Haus,
Holt dich kein goldener Klöppel am turmhohen Stiel
Je wieder aus dem Walde heraus.

MARY WEBB*

Der deutsche Name zeigt, daß Fingerhutblüten gerne als Kinderspielzeug über den Finger gestülpt werden. Aber ganz so harmlos ist die Pflanze nicht. In kleinen Dosen dient *Digitalis* als Heilmittel, in großen handelt es sich um ein tödliches Gift.

Foxglove, Folk's-glove, Fairies'-petticoats, wie die Pflanze in England heißt, verweist auf die Angewohnheit der Feen und Elfen, sich Handschuhe oder Röcke aus den Blüten zu machen. Bekanntlich necken diese Waldwesen den Menschen gerne und führen ihn in die Irre. So deutet der Fingerhut auf falsche Freundlichkeit anderer hin, aber auch auf Selbstbetrug. in der Sprache der Blumen symbolisert er ein Verhalten, welches die Bach-Blüten-Therapie mit *Agrimony (Odermennig)* behandeln würde: Die lächelnde, starre Maske verbirgt Probleme und innere Unruhe. Bach-Blüten-Therapie und Blumensprache basieren aber auf verschiedenen Systemen.

Enzian

Du bist ungerecht!

Nimm Verbenen, Agrimonia, Enzian her:
Karfreitags graben hilft dir sehr,
Daß dir die Frauen werden hold,
Doch nimm kein Eisen, grab mit Gold.

JOHANN THURNEYSSER (1530-1595)

Die Blumensprache benutzt den Enzian, um den Empfänger liebevoll wegen seiner Ungerechtigkeit zu tadeln Man verschenkt ihn zum Beispiel, wenn der andere einen falsch beurteilt, unterschätzt.

Daß der Enzian etwas ganz Besonderes ist, zeigt sich, wenn man andere Systeme und Deutungen heranzieht. So erklärt ihn Albrecht von Haller zum König der Alpenblumen, in Erinnerung an den Illyrerkönig Gentian, der die Heilkraft der Pflanze entdeckte und ihr den Namen lieh.

Er wird in der Naturheilkunde verwendet, um Wunden zu heilen, Fieber zu senken und als Wurmmittel. Der brandenburgische Leibarzt Thurneysser empfiehlt ihn für einen Liebestrank. Auch bei den Bach-Blüten fehlt er nicht, dort stärkt er Mut, Glaubensstärke und Ausdauer.

Geranie

Dunkle Geranie – Melancholie
Geranie mit eichblattförmigen Blättern – Freundschaft
Rosa oder Pink Geranie – Bevorzugung
Scharlachrote Geranie – Trost und Zuspruch

Ein alt Gemach voll sinn'ger Seltsamkeiten,
Still Blumen aufgestellt am Fensterbogen,
Gebirg und Länder draußen blau gezogen,
Wo Ströme gehn und Ritter ferne reiten.
Ein Mädchen, schlicht und fromm wie jene Zeiten,
Das, von dem Abendscheine angeflogen,
Versenkt in solcher Stille tiefe Wogen –
Das mocht auf Bildern oft das Herz mir weiten.
Und nun wollt wirklich sich das Bild bewegen,
Das Mädchen atmet auf, reicht aus dem Schweigen
Die Hand mir, daß sie ewig meine bliebe.
Da sah ich draußen auch das Land sich regen,
Die Wälder rauschen und Aurora steigen –
Die alten Zeiten all weckt mir die Liebe.

Joseph von Eichendorff (1788-1857)

Eine Legende verbindet die Geranie mit Mohammed. Er trocknete seine Kleider über einem Busch, der vor Freude rote Blüten bekam. Die Legende belegt, daß sich Geranien in den meisten heißen Gegenden der Erde wohlfühlen. Dort erreichen sie andere Ausmaße als im deutschen Balkonkästchen, sind wahre Büsche. Sie wurden entweder von den Holländern schon um 1609 aus Südafrika eingeführt, spätestens aber von François Masson Ende des 18. Jahrhunderts mitgebracht. Pelargonien und Geranien gehören derselben Familie an, werden oft verwechselt und haben Samen, die an Vogelschnäbel erinnern. Von *geranion*, Kranichschnabel, rührt der Name.

Stockrose, Malve

Weiblicher Ehrgeiz

Wieder hab' ich dich gesehen,
Blasse Malve! Blühst du schon?
Ja, mich traf ein schaurig Wehen,
All mein Frühling welkt davon.
Bist du doch des Herbstes Rose,
Der gesunknen Sonne Kind,
Bist die starre, düftelose,
Deren Blüten keine sind.

Ludwig Uhland (1787-1862)

Die Stockrose traf erst im 16. Jahrhundert als China Import in Europa ein. Im Herkunftsland wird sie als Symbol der Fruchtbarkeit betrachtet. Richtete sich der Ehrgeiz einer Chinesin darauf, Mutter des Stammhalters zu werden, um die Machtposition im Harem zu stärken, so kennt weiblicher Ehrgeiz heute auch andere Ziele.

Einen anderen Sinn legten die Barockmaler der Malve bei. Auf allegorischen Gemälden bedeutet sie Nachgiebigkeit. Sind bunte Bänder um die Blume geschlungen, so entscheiden die Farben. Gelbes Band heißt: *ich verzeihe*, blaues Band: *Du verzeihst*. Ein rotes Band bittet um Verzeihung.

Geissblatt

Vorfreude, Hoffnung

Franz: … Um Lauben schwanken
Die Geißblattranken.
Des Himmels Ferne
Erhellen tausend goldne kleine Sterne.
Rudolf: Erhellen tausend goldne kleine Sterne,
So golden klein,
Der Flimmerschein
Erleuchtet unsre Erde gerne.
Mit Liebesblicken
Uns zu beglücken,
Schaut grüßend nieder
Die Lieb' und freut sich unsrer Grüße wieder.
Franz: Die Lieb' und freut sich unsrer Grüße wieder,
Die Blumenwelt,
Uns zugesellt,
Gesandt von ihr des Waldes Lieder
Sie schickt die Rose,
Daß sie uns kose,
Daß wir ihr danken,
Streckt sie entgegen uns die Geißblattsranken.

Ludwig Tieck (1773-1853), Franz Sternbalds Wanderungen

Seit Rubens sich und Isabella Brant 1609 als Neuvermählte in der Geißblattlaube porträtierte, folgten viele Maler seinem Beispiel, wie Arthur Devis mit seinem oben gezeigten Bild von Sir John Strickland und dessen Gemahlin. Es ist wie im Märchen, wenn Prinz und Prinzessin alle Prüfungen überstanden haben: Dann freuen sie sich auf ein glückliches, langes Eheleben und hoffen auf viele weitere Prinzen und Prinzessinnen.

Geißblatt, lateinisch *caprifolium*, heißt die Pflanze nicht, weil sie besonders gern von Geißen gefressen würde, sondern weil sie wie eine Geiß klettert.

HYAZINTHE

Trauer

War's Frühling? War es Sommer? Die Nachtigall
Mit süßem Liede lebte mit Vögeln, die
Nicht ferne im Gebüsche,
Und mit Gerüchen umgaben Bäum uns.
Die klaren Gänge, niedres Gesträuch und Sand,
Auf den wir traten, machten erfreulicher
Und lieblicher die Hyazinthen ...

FRIEDRICH HÖLDERLIN (1770-1843), AUS: DIOTIMA

Hyazinthen deuten auf Trauer und Leid hin, konträr dazu auch auf Sport, Spiel und Spaß, seit Apollo und der Spartaner Hyacinthos mit einem Diskus trainierten. Der Wind lenkte den Diskus ab, Hyacinthos wurde am Kopf getroffen und starb. Aus seinem Blut schuf Apoll die rötlichen Hyacinthen zum Gedenken an den Sports-Freund.

Verstanden hat die Bedeutung der Leid-Blume auch Ludwig Uhland, der alljährlich am 20. März mit einer Hyazinthe bei Hölderlin erschien. Dessen Geliebte Diotima war mit einem anderen Mann verheiratet und starb schon jung, worüber Hölderlin buchstäblich in Wahnsinn verfiel.

Wer von Hyazinthenduft träumt, befrage das altägyptische Traumbuch: Es ist eine Botschaft innigster Liebe. Parfum auf Hyazinthenbasis erscheint jedoch vielen zu schwer.

Iris, Schwertlilie

Neuigkeit, Beredsamkeit

Du bist die Iris; schön wie die Schönsten anzuschauen,
Wenn du mit gold'nem Botenstab geschmückt
Auf blauen Flügeln eilst herab von Himmelsauen,
Mit Götterwort zu uns geschickt.
Du bist die Muse, die fern vom Stadtgedröhne
Am Waldstrom wohnt,
Die aus der Flöte lockt die sanften Töne
Und uns im Traum belohnt.
O Blumenlicht, blüh hell am Fluß im Botenkleid
Wie dich die Götter hingestellt,
O Blumenlied, sing fort in Ewigkeit
Und bringe Schönheit in die Welt.

Henry Wadsworth Longfellow (1807-1882)*

Iris, die Botin der griechischen Götter, erschien den Menschen in Gestalt eines Regenbogens. Dessen Farben finden sich auch an den *Schwertlilien*. Und da Boten ihre Neuheiten mit einer gewissen Zungenfertigkeit vorbringen sollten, symbolisiert die Blume diese Züge. Moses, der zwischen Iris gefunden wurde, vermittelte redegewaltig zwischen Gott und Israeliten. Ließ man Kinder beim Zahnen auf Iriswurzeln beißen, erlangten sie schneller die Gabe der Rede. Florenz, Frankreich und die Familie der Jungfrau von Orleans führen nicht die Lilie im Wappen, wie oft behauptet wird, sondern die Iris.

Efeu

Treue

Efeu und ein zärtlich Gemüt
Heftet sich an und grünt und blüht.
Kann es weder Stamm noch Mauer finden,
Es muß verdorren, es muß verschwinden.

JOHANN WOLFGANG VON GOETHE (1749-1832)

Efeu kann sich nicht selbst aufrecht halten, sondern braucht dazu Bäume oder Mauern. Aber wenn er einmal Halt gewonnen hat, kann ihn nichts mehr vom Partner trennen. Eine Freundin von Max Frischs *Homo faber* heißt darum *Ivy*.

Efeu ist jedoch kein Schmarotzer, der vom Partner lebt. Im Gegenteil: er ernährt sich ganz und gar durch die eigenen Wurzeln. Aus dem Efeugewächs Ginseng werden Allheilmittel und Lebenselexiere gewonnen. Efeu am Haus garantiert das Wohlergehen, solange er grünt; welkt er, wechselt das Haus den Besitzer.

Bacchus, der Gott des Weines, trägt eine Efeukrone. Seit Plutarch dies so deutete, daß man durch Efeu höhere Erkenntnis und prophetische Gaben erlange, schmücken Bacchusjünger ihr Haupt mit Efeu, weil im Weine Wahrheit liegen soll. In Deutschland gingen die Mädchen in der Matthäus-Nacht (24. Februar) mit Kränzen aus Efeu und Stroh zu einer Quelle. Sie warfen die Kränze ins Becken, tanzten im Kreis darum herum und griffen rücklings nach einem Kranz. Wer Efeu erwischte, hatte Glück im kommenden Jahr; Stroh bedeutete Pech.

JASMIN

Gelber Jasmin – Grazie und Eleganz
Weißer Jasmin – Liebenswürdigkeit
Spanischer Jasmin – Sinnlichkeit

Sieh hin! hell leuchtet der Jasmin!
Beim Frühtrunk nun vergiß das Härmen!
Nie bricht der Gläub'ge das Gesetz,
Das morgens ihm befiehlt zu schwärmen …
Mit Weine muß man sich erwärmen!

AL-MU'TADID (1016-1069) / ADOLF VON SCHACK (1815-1894)

Al-Mu'tadid, der Sevilla beherrschte, dachte wohl an Spanischen Jasmin: Sinnlichkeit schließt ja neben Erotik die im Islam verdächtigen Freuden des Weines ein. Jasmin, im Orient daheim, ist berühmt für Duft und Blüten und heißt in Indien *Das Mondlicht im Hain.* In der Toskana gehört ein Jasminzweig in den Brautstrauß.

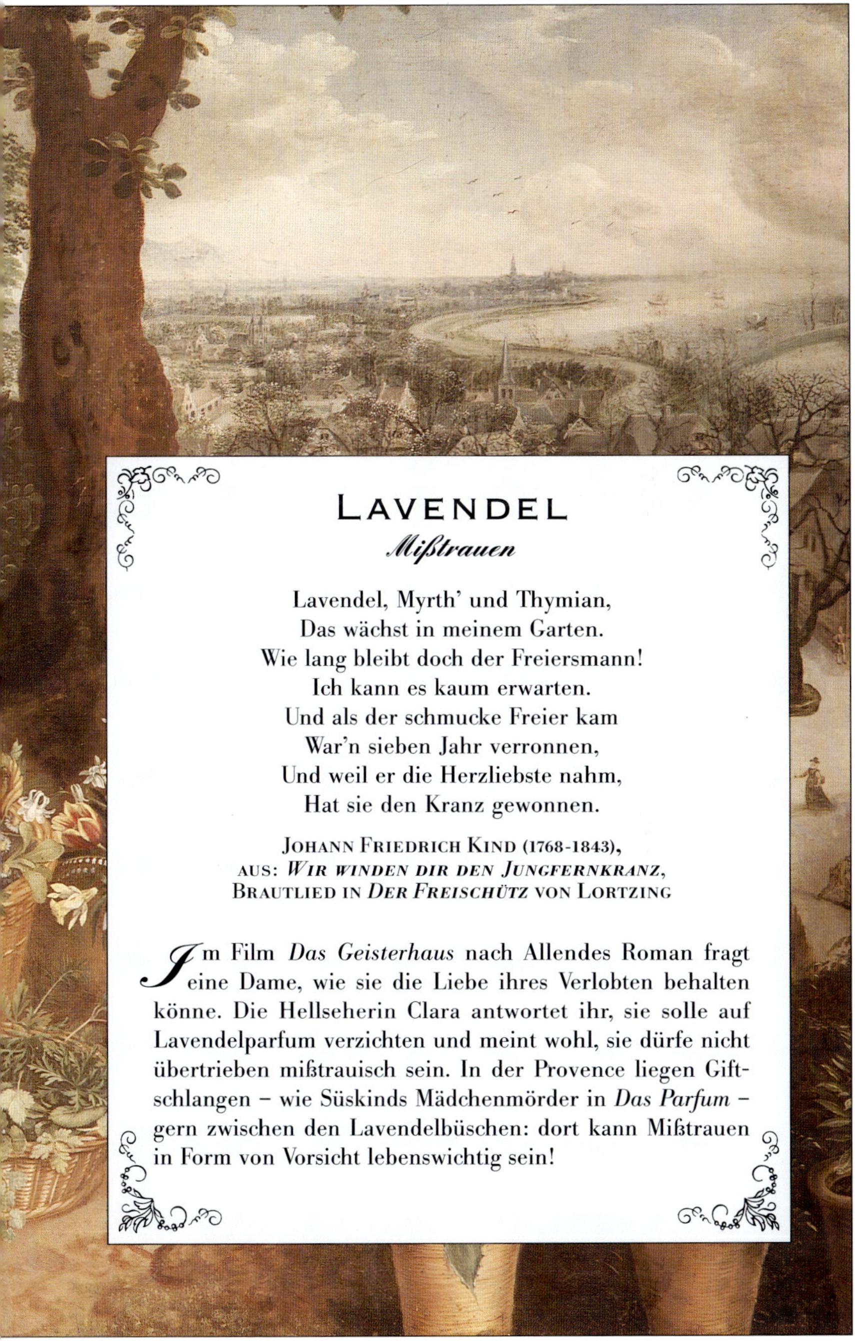

Lavendel

Mißtrauen

Lavendel, Myrth' und Thymian,
Das wächst in meinem Garten.
Wie lang bleibt doch der Freiersmann!
Ich kann es kaum erwarten.
Und als der schmucke Freier kam
War'n sieben Jahr verronnen,
Und weil er die Herzliebste nahm,
Hat sie den Kranz gewonnen.

JOHANN FRIEDRICH KIND (1768-1843),
AUS: *WIR WINDEN DIR DEN JUNGFERNKRANZ*,
BRAUTLIED IN *DER FREISCHÜTZ* VON LORTZING

Im Film *Das Geisterhaus* nach Allendes Roman fragt eine Dame, wie sie die Liebe ihres Verlobten behalten könne. Die Hellseherin Clara antwortet ihr, sie solle auf Lavendelparfum verzichten und meint wohl, sie dürfe nicht übertrieben mißtrauisch sein. In der Provence liegen Giftschlangen – wie Süskinds Mädchenmörder in *Das Parfum* – gern zwischen den Lavendelbüschen: dort kann Mißtrauen in Form von Vorsicht lebenswichtig sein!

FLIEDER

Beginnende Liebe

Da gab es doch ein Sehnen,
Ein Hoffen und ein Glüh'n,
Als noch der Mond durch Tränen
In Fliederlauben schien.
Als man dem milden Sterne
Gesellte, was da lieb,
Und Lieder in die Ferne
Auf sieben Meilen schrieb.

ANNETTE VON DROSTE-HÜLSHOFF (1797-1848)

Lila Flieder wuchs ursprünglich in Südosteuropa, durch Veredelung entstanden rötliche Abschattierungen und die weiße Sorte, die jugendliche Unschuld anzeigt. Er gehört zur Familie der Ölbaumgewächse. Der botanische Name *Syringia vulgaris* bedeutet *gewöhnliche Flöte*, aber Flöten fertigte man meist aus Rohr. Kinder und kindliche Gemüter bringen auf Fliederblättern jedoch beachtliche Geräusche zustande!

Nach England kam der Flieder zur Zeit Heinrichs VIII. Knapp hundert Jahre später war er so beliebt, daß die puritanischen Auswanderer von 1620 ihr Schiff nach ihm benannten: Als *Mayflower* gelangte er in die Neue Welt. Die Amerikaner pflegen einen ähnlichen Flieder-Glauben wie Balten, Franzosen und Briten: Wer eine fünfblättrige Fliederblüte findet, die ähnlich selten vorkommt wie vierblättriger Klee, hat Glück und bleibt gesund.

Lilie

Reinheit

… Der Lilie Stengel strebt hoch in die Lüfte,
Aus reinem weißen Kelch ergießend süße Düfte.
Und erst entquillt der Erde nun das Leben,
Die Bäume schütteln ihr Geschmeid' herab,
Des Lichtes rang der Lilie nur zu geben,
Sie soll in einzig süßem Glanze schweben,
Und Blumen sprechen duftend, wie mit Zungen:
Das Licht, das Licht ist in die Blumenwelt gedrungen …

Philipp Otto Runge (1777-1810)

Ob im 16. Jahrhundert v. Chr. auf kretischen Darstellungen oder im 16. Jahrhundert n. Chr. auf christlichen Verkündigungsbildern: Die Lilie hat sich nie verändert, wie Licht immer Licht bleibt. Sie symbolisert Reinheit. Sie ist die Blume der Mondgöttin ebenso wie der Jungfrau Maria und Namensgeberin der biblischen Susanna im Bade.

Maiglöckchen

Rückkehr des Glücks

Im wunderschönen Monat Mai,
Als alle Knospen sprangen,
Da ist in meinem Herzen
Die Liebe aufgegangen.
Im wunderschönen Monat Mai,
Als alle Vögel sangen,
Da hab ich ihr gestanden
Mein Sehnen und Verlangen.

Heinrich Heine (1798-1856)

Während der indische Dschungel Lilien hervorbringt, die vier Meter Höhe erreichen, wächst in Europas Laubwäldern und unter Gebüschen eine zierlichere Lilienart, das Maiglöckchen. Es muß uns nicht durch Größe imponieren, denn es verbreitet einen ungemein lieblichen Duft, der eindeutig das Ende des Winters und den Neubeginn der glücklichen Sommerzeit verkündet. Und die Nachtigallen ermuntert er, sich ihre Gefährtin im Wald zu suchen.

Der Legende nach entstanden die Maiglöckchen aus den Tränen Marias unterm Kreuz. So schmückte man im Mai die Marienaltäre mit ihnen, bevor es eine allgemeine Sitte wurde, zum Ersten Mai diese Blumen zu verschenken.

RINGELBLUME

Kummer, Schmerz

Öffne dich wieder, strahlendes Blütengesicht,
Du glühender Blumenstern. Länger nicht
Weine, trockne die Tränen dir ab!
Denn Apollo befiehlt vom Himmel herab,
Daß dein Lob in diesen Zeiten ein jeder singt,
Solang seine nächtens gestimmte Leier erklingt.
Und küßt den Tau von deinen Augen wieder seine Sonne,
Sag ihm, mir Dichter zähltest du zur Wonne,
Damit des Gottes Stimme gnadenvoll dereinst erschall,
Wenn mich der Sturm verschlägt in jenes andre Tal.

JOHN KEATS (1795-1821)*

Um neun Uhr morgens öffnet sich die Ringelblume, um drei Uhr nachmittags beendet sie ihr Tagwerk. Wegen ihrer Beamtenpünktlichkeit nannte man sie lateinisch *Calendula officinalis* – Amtskalender. Wer schon einmal unter Würdenträgern und sonstigen Pedanten gelitten hat, weiß, warum die Ringelblume Kummer symbolisiert.

Eine andere Erklärung lautet, die Blume wisse schon nachmittags, daß der Sonnengott bald in die Unterwelt muß und schließe vor Trauer die Blüte. Wer sie verschenkt, sagt: Ich leide, weil meine geliebte Sonne aus meinem Leben verschwunden ist. Das kann nach einer Trennung sein oder nach einem Todesfall. Ringelblumen pflanzt man in manchen Gegenden nur auf Friedhöfen.

Die Blüte weckt auch fröhlichere Assoziationen. Englisch heißt sie *Bachelor's Button, (Jung-) Gesellenknopf*, weil die mitunter die schönsten Knöpfe verlieren.

Narzisse

Egoismus

Die Sonne hatte kaum den Mittag heiß gemacht,
Als Venus ganz ermattet eine Höhl' erwählet,
Wo weder Ruh noch kühler Schatten fehlet.
Das Rebenlaub gab dunkelgrüne Nacht,
In die ein linder West mit sanftem Rauschen spielte,
Und so der Göttin Herz und müde Seele kühlte.
Der Blumen höchster Wunsch war, so gedrückt zu werden,
Die Nelke schien ein Feuer, die Ros' ein Stern auf Erden,
Das Veilchen ein Saphir, die Lilie ein Spiegelglas –
Doch Venus goldnes Haupt entschlief nur auf Narzissen,
Jasminen legten sich zu Pfühl und Unterkissen:
So lag die Lust der Welt ohn alle Kleider bloß.

Claudianus (370-400) / Unbekannter Übersetzer 1697

Was das Brot für den Leib ist,
Das sind Narzissen für die Seele.

Orientalische Weisheit

Narziß, Sohn des Flußgottes Cephisos und der Liriope, war mit sechzehn der schönste Jüngling weit und breit. Er liebte nichts und niemand, wie es in der Pubertät durchaus so vorkommt. Er vergnügte sich nur auf der Jagd im Wald, wo er der Nymphe Echo begegnete. Narziß wies sie mit solcher Kälte ab, daß sie verzweifelt durch den Wald irrte und immer magerer und magerer wurde, bis nur noch ihre Stimme übrigblieb, das Echo. Die Göttin der Liebe, Aphrodite, konnte nun Narziß' Verhalten nicht länger dulden. Ovid (43 v. Chr. – 17 n. Chr.) zitiert in seinen *Metamorphosen* ihren Richtspruch:

Möge er selbst so lieben und nie das Geliebte besitzen!

Wenig später kam Narziß an eine Quelle und sah im Wasser sein eigenes Gesicht, wie Ovid weiß:

Alles bewundert er jetzt, wofür ihn andre bewundert;
Sich begehrt er, der Tor, der Liebende ist der Geliebte,
und der Ersehnte der Sehnende, Zunder zugleich und Entflammter.
Oh, wie küßt er so oft – vergeblich! – die Quelle!

Schließlich wurde Narziß wahnsinnig und ertränkte sich. Als man den Leichnam verbrennen wollte, verschwand er. Eine Blume mit rot-orangenem Kelch erblühte, die seither an Egoismus und unreife Selbstverliebtheit erinnert – und der Venus als Kopfkissen dient.

Ganz anders schätzt man die Narzisse im Orient ein. Als der Kalif von Bagdad einem Bettler zwei Denar schenkte, kaufte der um einen Denar Brot, um den andern Narzissen: *Das ist Brot für die Seele.* Wilde Narzissen blühen in ganz Europa, in allen Tönen von Rot bis Weiß und vielen Formen. Heute gibt es dank eifriger Züchter über 8000 Sorten. Die Wurzeln sollen eine narkotisierende Wirkung haben.

Kapuzinerkresse

Patriotismus

Chinampas treiben hin im Spiel der Wellen,
In Blumen prangend, grüne Lustgefilde,
Der Menschenhand entstiegen als Gebilde,
Die neben der Natur sich üppig schwellen …
Jetzt schwärmt, verdeckt vom Blütenbaldachine,
Sobald des Frührots erste Schimmer tagen,
Auf ew'gen Rosenteppichen die Biene.
Und nachts ertönt zu süßen Liebesklagen
Die eingeweihte Brust der Mandoline,
Daß See und Ufer kaum zu atmen wagen.

Martin Greif (1839-1911), Mexikos schwimmende Inseln

Außer Kartoffeln, Tabak und Tomaten bescherte die Neue Welt der Alten im 16. Jahrhundert auch die Kapuzinerkresse. Man verspeiste sie als Salat und zog eine *krause Nase* wegen der pfefferartigen Wirkung: davon leitet sich der lateinische Name *Nasturtium* ab. Die auffallend bunten Blüten erinnern an Helm und Schild. So konnte die Kapuzinerkresse zum Symbol für Patriotismus werden. Während die Dame oben offensichtlich Salat erntet, zeigt das Bild rechts vermutlich eine Soldatenwitwe, die ihr Glück dem Vaterland geopfert hat.

ORCHIDEE

Verführerische Schönheit

Stiegst du vom Himmel, aus den schlimmen Gründen,
O Schönheit? Himmels und der Hölle Schein,
Schenkt aus dein Blick die Guttat und die Sünden,
Und drum vergleicht man füglich dich dem Wein.
Du birgst im Aug des Lichts Geburt und Sterben,
Verhauchest Duft wie die Gewitternacht;
Ein Liebestrank dein Kuß, dein Mund wie Scherben,
Der Helden feig, das Kind zum Manne macht.
Schuf Gott dich? Baal? Bist Engel du? Sirene?
Was tut's, nimmst du – samtaugen-mächt'ge Fee,
O Rhythmus, Duft und Glanz – mir eine Träne,
Der Zeit ihr Blei und aus der Welt ein Weh!

CHARLES BAUDELAIRE (1821-1867),
AUS: HYMNE AN DIE SCHÖNHEIT

Von den 20 000 bekannten Orchideensorten gibt es zwar etliche in Europa wie *Kuckucksblume* oder *Wiesen-Knabenkraut*, aber unserer Idee von Orchidee entsprechen eher die Dschungelgewächse der Tropen: schön wie die Sünde und nicht ungefährlich. Mancher Orchideenjäger verlor sein Leben, wie Leon Humblot, der auf Madagaskar versehentlich ein Götzenbild entweihte und von den Eingeborenen verbrannt wurde. Die Orchidee, buchstäblich eine Schmarotzerpflanze, kommt am besten zur Geltung am Kleid einer *femme fatale*, die ihre Liebhaber finanziell und gesundheitlich ruiniert. Sinnigerweise galten Orchideenknollen überall und immer als Aphrodisiakum.

Der Volksglaube verbindet mit den Wurzelknollen vielfachen Nutzen. Als *Johannishändchen* halten sie den Blitz ab und verschaffen, im Geldbeutel getragen, dem Besitzer steten Reichtum. Ein isländisches Zauberbuch rät Bestohlenen, sie unters Kissen zu legen; dann träume er, wer der Dieb sei. Ob das die moderne Justiz als Beweis akzeptiert, ist eine andere Frage.

STIEFMÜTTERCHEN

Angedenken

Stiefmütterchen zum Frühlingsanfang schenk ich dir,
Gelb wie das Sonnenlicht und purpurdunkel wie die Nacht.
Blumen des Angedenkens, die zu Trost und Zier
Der allerhöchste Sohn des Lichts sich ausgedacht.
Und will dir traurige Erinnerung nur zeigen
Versäumte Chancen und Träume, die gelogen
Die rabenschwarzen Augen der Violen, sie vertreiben
Den Kummer. Sie haben nie ein Herz betrogen.
Nimm an das liebevoll ersonnene Geschenk
Und für das Sträußchen heute einmal an mich denk!

SARAH DOUDNEY*

Zierlich denken und süß Erinnern
Ist das Leben im tiefsten Innern.

JOHANN WOLFGANG VON GOETHE (1749-1832)

Ein altes Kinderspiel verteilt die Plätze in der Familie auf die fünf Blätter des Stiefmütterchens: Oben thront die neue Herrin des Hauses, auf den Blättern rechts und links von ihr sitzen die beiden mitgebrachten Kinder. Die unteren Blätter teilen sich der Vater und alle seine Kinder aus erster Ehe.

Zur Zeit Ludwigs XV. und seiner Mätresse, Madame Pompadour, wurden die Stiefmütterchen zur Modeblume des galanten Versailles. Name und Symbolik entsprechen sich seither: die *Penseés* drücken den Wunsch aus, sich in Erinnerung zu bringen. So weihte man sie dem heiligen Valentin und verschenkte sie am 14. Februar, dem Valentinstag, erst nur in den USA, dann auch in Europa.

Wem der Name Stiefmütterchen nicht behagt, der kann wie die Gärtner von *Viola tricolor* sprechen, dem Veilchen, das in den drei Farben Weiß, Gelb und Violett in der Natur vorkommt. *Mädchenaugen* und *Libegesichtli* sind sie für die Verliebten, und wegen der drei dunklen Flecken im Zentrum, *Dreifaltigkeitsblümchen* für den Frommen.

Pfingstrose, Päonie

Überfluß, Scham

Wer sich schämt, wird rot – tiefrot wie eine Päonie. Aber auch weiße, rosa und gesprenkelte kommen in Europa, China und Japan vor, die wie die rote die zweite Bedeutung tragen: Überfluß in jeder Form, Überfluß der Gefühle in der Liebe, Überfluß in der blühenden Natur, Überfluß des Himmels, wenn an Pfingsten der Heilige Geist alle seine Gaben ausschüttet.

In China wurde die Päonie als König der Blumen gefeiert und teuer gehandelt. Po Chü-i (772-846) seufzt im Gedicht mit dem verarmten Bauern, daß ein einziger roter Busch soviel kostet wie der Mietzins für zehn Häuser.

In Japan sprach man ihr mystische Züge zu. Buson (1716-1783) verfaßte ihr zu Ehren ein Haiku:

Im großen Garten
Die Päonien sind schon
Ein Teil des Himmels.

Der Japaner fängt eine fast pfingstliche Stimmung in seinem Dreizeiler ein. Sein Landsmann Kiichi muß die Päonien ganz besonders geliebt haben, denn er schrieb:

Die Päonien
blühen, nun gibt es keine
andern Blumen mehr.

Pfingstrosen, dem Heiligen Geist verbunden, der die Jünger in Sprachkünstler verwandelte, heilen Stotterer und Epileptiker, die sich die Zunge zerbeißen. Sie schützen generell vor Alpträumen und Kinder vor Gicht und wundem Popo.

PHLOX

Übereinstimmung

Mein Herzlieb hat mein Herz, ich kann das seine spüren,
Wir kamen überein, sie auszutauschen.
Ich halte seines fest, nie kann er meins verlieren.
Kein besseres Geschäft ward je erdacht. So will ich lauschen:
Mein Herzlieb hat mein Herz, ich dann das seine spüren.
In meinem Herzen bin ich ganz mit ihm vereint,
In seinem Herzen lenk ich Fühlen, Denken, Handeln.
Er liebt mein Herz, da's ihm das eigne meint,
Ich liebe seins, tat sich ja ganz in meins verwandeln.
Mein Herzlieb hat mein Herz, ich kann das seine spüren.

SIR PHILIP SIDNEY (1554 -1586), NUR EIN TAUSCH*

In der Blumensprache hat der Phlox verschiedenste Deutungen erfahren, aber meist gilt er als Symbol der Übereinstimmung. Vielleicht wurden glühende Bewerber von seinem Duft, der abends einen ganzen Garten erfüllen kann und schwer zu Kopfe steigt, so verwirrt, daß sie sich zu folgenschweren Versprechungen hinreißen ließen. Das griechische Wort *phlox* meint die Flamme, zweifelsohne eine Referenz an die Farbenpracht der Blüten. Eine der fünfblättrigen Blüten allein wirkt unscheinbar, wenngleich sich aus dem unteren Teil ein honigsüßer Tropfen saugen läßt; eine Staude in voller Blüte neben der anderen schmückt den stolzesten Garten.

Mohn

Phantasie

Gebt mir den Saft! den braunen Saft vom Mohne,
Den Wundertrank von einer fremden Zone,
Der kochte dem Äquator nah'.
Das Schlummergift, dran die Granatenlippen
Der Odalisken im Seraile nippen,
Den Lethekelch aus Afrika.
Gottlob! schon senkt ein schweres Nachtgefieder
Umhüllend, schützend sich auf mich hernieder;
Ich liege willenlos gebannt.
Die Glieder ruh'n, ich mag sie nicht bewegen,
Allein das Herz, es klopft in mächtgen Schlägen,
Stark pocht der Puls an meiner Hand.
Und um mich wogt's und wirbelt's von Gestalten,
Aus Nebelschleiern seh' ich sich entfalten,
Auftauchen Bilder wunderbar.
Die gelben Strahlen von dem Sonnenlande,
Darin der Mohn gereift im heißen Sande,
Durchblitzen meine Träume klar.

Louise von Plönnies (1803-1872), aus: Tinctura Thebaica

Dichter nehmen es manchmal nicht so genau: Louise von Plönnies verlegt die Herkunft des Opiums nach Afrika. Weißer Mohn, aus dem es gewonnen wird, wächst jedoch in Asien. Um China zu beherrschen, entfachten die Briten sogar einen Opiumkrieg.

Mohn, das Symbol der Phantasie, wurde von den Griechen zu Kränzen gebunden und dem Gott des Traumes, Morpheus, geopfert, dem Verwandten des Thanatos, des Todes. Es kommt nur auf die Dosis und die Zubereitung an: ein wenig Mohnsud verhilft bei Kummer zu Erleichterung und Schlaf, in Träumen entfaltet die Phantasie ihren ganzen Reichtum. Als Demeter erkannte, daß sie ihre Tochter Persephone an Hades verloren hatte, braute sie sich einen Mohntrank.

Die moderne Medizin verwendet noch heute Schmerz- und Beruhigungsmittel, die auf Opiumbasis hergestellt sind und den Kranken wirkungsvoll helfen.

Die Odalisken, gelangweilte Haremsdamen zweiter Ordnung, trösteten sich über das Ausbleiben ihres Paschas mit Opium und versanken in eine zeitlose Traumwelt. Die Damen und Herren des europäischen Bürgertums taten es ihnen gleich. Um 1900 war Opium eine Modedroge, ohne daß man die Gefahren überblickte.

Mohn-Körner waren, wie Gerste und Weizen, der Göttin Demeter geweiht. Da Mohnsamen ungemein fett ist, stärkten sich die griechischen Athleten mit einem Gemisch aus Mohn, Honig und Wein, wenn sie für die Olympischen Spiele trainierten.

Schlüsselblume

Jugend

Die Blumen blühen im April aufs Neue,
und neu ergrünen nun die Linden und die Buchen.
Wie freudig klingt der Vögel Stimme aus der Bläue,
Weil sie die Liebe finden, die sie suchen.
Ihre Zahl ist groß, singt aus Himmels Schoß,
Und mich nie verdroß.
Wie war der Winter ohne sie so still!
Als sie von den Bäumen all die Schlüsselblumen sah'n,
Die dem Feld entsprangen, war'n die Vögel reich.
Fröhlich fingen sie zu singen an
Und in ihre Melodein stimm' ich ein sogleich.
Niedrig oder hoch, ich steig drüber noch,
Schüttle ab des Winters Joch.
Recht ist's, wenn mein Frühlingsglück ich preise!

Heinrich von Veldeke (um 1180)*

Märchen berichten vom Glückspilz, der Blumen fand, die ihm Schatzhöhlen öffnen. Er stopft sich die Taschen voll, eine Stimme mahnt: *Vergiß das Beste nicht!* Er läuft weg, verirrt sich im Wald, wo ihm alle Schätze nichts nützen, weil er das Beste, die Blume, vergaß.

Die Schlüsselblumen verdanken wir einem Nickerchen des heiligen Petrus, bei dem er seinen Schlüsselbund fallen ließ. Gott gab ihm neue Schlüssel und ließ unten auf der Erde *Himmelsschlüssel* wachsen, damit kein Unbefugter den Himmel betreten kann …

ROSE

Rosen – Liebe
Weiße Rose – Reinheit und platonische Liebe
Gelbe Rose – Abnehmende Liebe und Untreue
Rote Rose – Du hast mein Herz gewonnen
Rote Rosenknospe – Erwachen der ersten Liebe
Zentifolie (Hundertblättrige Rose) – Liebesbote
Moschusrose – Launenhafte Liebe

An Rosen such ich mein Vergnügen,
An Rosen, die die Herzen ziehn,
An Rosen, die den Frost besiegen
Und hier das ganze Jahr durch blühn,
An Rosen, die wir bei den Linden,
Sonst nirgends leicht so reizend finden.
Auf Rosen mach ich gute Reime,
Auf Rosen schläfet meine Brust,
Auf Rosen hab ich sanfte Träume
Von still- und warm- und weicher Lust.
Und wenn ich einst von hinnen fahre,
So wünsch ich Rosen auf die Bahre.

JOHANN CHRISTIAN GÜNTHER (1695-1723),
AUS: SCHERZHAFTE GEDANKEN ÜBER DIE ROSEN.
FÜR ANNA ROSINA LANGE, 1718

Rund um den Globus begleiten Rosen das Leben des Einzelnen, wie das der Menschheit. In Ur, der mesopotamischen Stadt, entdeckte der Archäologe Woolley eine steinerne Rose von etwa 2300 v. Chr. Zwar fand man auch in Schweizer Pfahlbau-Siedlungen Fruchtkerne von Hundsrosen, der Nahe Osten blieb aber das eigentliche Rosenparadies mit dem märchenhaften Bagdad als Zentrum.

Sir Muhammad Ikbal (1873-1938) überliefert die Entstehungsgeschichte der Rose: Eine Huri klagte im himmlischen Rosengarten, sie habe nie die Welt kennengelernt, weder Morgen noch Abend, weder Geburt noch Tod. Da schickte Allah sie als Rose auf die Erde. Sie durchlebte in wenigen Wochen alle Stufen, die sie zur Erkenntnis brauchte, was Leben heißt.

Lange kannten die Griechen Rosen nur vom Hörensagen, benannten Göttertöchter wie *Oky-roe (Rosengesicht)* danach oder die Insel *Rhodos*, welche der Liebesgöttin Aphrodite heilig ist. Im 6. Jahrhundert v. Chr. blühten auf Lesbos wirkliche Rosen, und *Sappho* dichtete:

Es erröten wie die Mädchen nun die Hecken, seht nur hin,
Oh, die Rose! Ach, die Rose ist der Blumen Königin!

Bei den Römern fand die Rose eine zweite Heimat. Sie gönnten sie zuerst nur den tüchtigsten Feldherrn wie Scipio Africanus. Dann brach ein wahrer Rosentaumel aus, die Römer züchteten Rosen, statt Weizen anzubauen und exportierten sie in alle eroberten Länder.

Rosen sind Symbole der Liebe wie der geliebten Frau, der Frau, die dem Ideal ihrer Zeit entspricht. Inder wie Griechen glaubten, ihre Liebesgöttinnen seien bei der Geburt von einem Rosenstock begleitet worden.

Im Orient erzählt man, wie dem Emir von Chorassan nach dem Tod seiner Gemahlin eine goldhaarige Jungfrau zum Kauf angeboten wurde. Er verliebte sich und taufte sie nach ihrer Heimatstadt *Rose von Schiras*. Als sie nur weinte, nichts mehr aß und dem Tode nahekam, weil sie sich nach ihrem Liebsten sehnte, rührte den Emir ihre Treue so sehr, daß er sie heimschickte.

Neben den Märchen von *Dornröschen* oder *Schneeweißchen und Rosenrot* gibt es in Europa das von der *Schönen und dem Tier*: ein Mädchen wünscht sich vom Vater als Reisemitbringsel nur eine Blaue Rose – *nur* ist gut! Fast hätte er mit dem Leben bezahlt, denn er pflückt sie im Garten eines Untiers. Als Lösegeld für den Vater muß die Schöne mit dem Untier leben – bis sie sich die Rose verdient hat, indem sie aus liebendem Mitgefühl, der im Märchen entscheidenden Tugend, das Untier vor dem Tod bewahrt. Da verwandelt es sich in den schönsten aller Männer, mit dem die Schöne gerne zusammenbleibt.

Eines der schönsten, sinnlichsten Rosengedichte stammt von der französischen Dichterin *Marceline Desbordes-Valmore (1786-1859)*. Darin will eine Frau die Rosen von Saadi zu ihrem Liebsten bringen, aber das Band hält nicht und der Wind entführt sie ihr:

Die Knoten rissen, und die Rosen, windgezogen,
Und alle Rosen sind dem Meere zu geflogen
Und schon auf Nimmerwiedersehn hineingesprungen.
Und rot und wie entflammt von ihnen schien das Meer,
Und mein Gewand ist noch von ihren Düften schwer.
*Atme von mir den Balsam der Erinnerungen!**

Rosen entzünden das Meer der Gefühle, sie sind nicht verloren, sondern eins mit der liebenden Frau. Da kann man nur noch mit *Gertrude Stein (1874-1946)* kommentieren. *Eine Rose ist eine Rose ist eine Rose …*

Nachdem die Christen die Rose drei Jahrhunderte lang als heidnisches Symbol verabscheut hatten, konnten sie sich ihrem Zauber nicht länger entziehen. Sie wurde zur mystischen Blume des Abendlandes. Rote Rosen symbolisierten das Blut aus Christi Wunden, weiße Rosen gehörten Maria. Man betete den Rosenkranz, malte, wie Stefan Lochner, die *Madonna in der Rosenlaube* und sang Johann Georg Brauns Verse: *Ave Maria zart, du edler Rosengart.* Die Baumeister formten über den Kirchenportalen Rosetten, Mandalas aus Stein und Glas, die einen Blick direkt in den Himmel gewährten.

In der politischen Geschichte spielte die Rose besonders für England eine Rolle. Die Yorks wählten eine weiße Rose für ihr Wappen und führten Krieg gegen das Haus Lancaster, das unter der roten Rose kämpfte. Der dreißigjährige Rosenkrieg endete mit einer Hochzeit, in der man weiße und rote Rosen vereinigte: die Tudor-Dynastie war begründet, der Elizabeth I. entstammte.

Die Rose, die Rose, sie duftet so hold,
Ihr dünkt so unendlich der Morgen!
Sie blüht dem ergrauenden Gärtner zum Sold,
Der schaut sie mit ahnenden Sorgen.
Der gestern des eigenen Lenzes noch pflag,
Sieht heut schon die Blüte verdorben –
Doch seit eine Rose zu denken vermag,
Ist niemals ein Gärtner gestorben!

GOTTFRIED KELLER (1819-1890), ROSENGLAUBE

Rosenknospe, du bist
dem blühenden Mädchen gewidmet,
die als die Herrlichste sich,
als die Bescheidenste zeigt.

JOHANN WOLFGANG VON GOETHE (1749-1832)

Ehrenpreis

Weibliche Treue

… Schenk mir zu meiner Freude bald
Als Zeichen vom Wege ein Blümelein,
Daß ich ohn Sorge werde alt,
Hilf du mir aus der schweren Pein.
Laß dich von meiner Sehnsucht rühren,
Die mir im Herzen singt,
Und meine Treue wird dich führen,
Daß dir's auch durch die Seele klingt …

Nach dem Liederbuch der Klara Hätzlerin (1471)

Der Ehrenpreis wächst in freier Natur, an Böschungen und unter Hecken. Im Frühling bedeckt er den Boden mit seinen leuchtend blauen Blüten. Sobald man den Ehrenpreis pflücken will, fallen die Blüten ab. Als Symbol weiblicher Treue zeigt der Ehrenpreis mit leiser Ironie an, daß diese Eigenschaft gefährdet ist.

Der botanische Name *Veronika* kommt vom griechischen *berenike (Siegbringerin)*. Die ägyptische Königin Berenike II. kann als Muster einer treuen Gattin gelten: für die glückliche Heimkehr ihres Gatten Ptolemäos III von einem Feldzug opferte sie im Tempel ihr Haar. 221 v. Chr. wurde sie ermordet. Die Götter versetzten ihr geopfertes Haar als Sternbild an den Himmel.

Sonnenblume

Freude, Stolz

Und eine Sonnenblume
Sprach mir heut von Dir.
Ich brach sie mir
Und sprach mit ihr
Und trug sie dankbar heim.
Nun füllt ihr heller Schein
Mein kleines Zimmer.

Elisabeth Paulsen (geb. 1879)

Durch van Goghs Gemälde prägte sich uns die Sonnenblume als typisches Gewächs Südfrankreichs ein. Fährt man heute durch die ausgedehnten, gelben Felder der Provence, so glaubt man kaum, daß diese Pflanze erst anno 1569 aus Peru nach Europa gelangte. Ludwig XIV. von Frankreich nahm sie in Besitz, um allen Besuchern der Gärten von Versailles zu zeigen, wo der Sonnenkönig wohnte.

Die Indianer verwerteten nicht nur jeden Teil der Sonnenblume, sie galt ihnen als heilig und diente als Schmuck der Jungfrauen im Kult des Sonnengottes. Die Pflanze wächst in ganz Nord- und Südamerika und trägt in der Botanik den Namen *Helianthos*, was auch Sonnenblume heißt. Sie liebt die Sonne so sehr, daß sie am Morgen nach Osten schaut und den ganzen Tag mit dem Gesicht der Sonne folgt, bis sie abends nach Westen blickt.

sche Diplomat Busbeck sandte sie vom Hof Sulimans zum Kaiser. 1565 blühte die erste Tulpe im Garten der Fugger. Sie war eine Blume für Reiche, kostete ein Vermögen. Insbesondere die Holländer trieben ausgiebig Handel mit Tulpen. Eine arme Holländerin, die sich keine leisten konnte, ging damals zu Jan Breughel, um sich ein Tulpenbild malen zu lassen. Heute wäre es umgekehrt.

Die Tulpe ist eine Blume, die Künstleraugen entzückt. August Rodin liebte alle Sorten, die *Glücklichen Kurtisanen* und die, welche ihm wie die *Flügel des Erzengels Gabriel* erschienen.

Veilchen

Bescheidenheit

Stand ein junges Veilchen auf der Weiden,
Lieb und herzig, in sich, und bescheiden;
Und ein wackrer Jüngling über Land
Kam hin, wo das Veilchen stand …
Sah es an mit Liebe und mit Lust,
Wünscht es sich an seine Brust.
Heute wird das Blümchen ihm gegeben,
Daß er's trag an seiner Brust durchs Leben!

Matthias Claudius (1740-1815), aus: Hochzeitslied

Natürlich meinen Veilchen immer das bescheidene Mädchen, besonders wenn es blaue Augen hat. Es drückt zudem Bescheidenheit beim Geber aus, wenn er eine bedeutende Position einnimmt. Josephine warf Napoleon bei der ersten Begegnung einen Veilchenstrauß zu. Von da an schenkte er ihr stets Veilchen. Nachdem er im Exil gestorben war, fand man beim toten Kaiser in einer Goldkapsel zwei Veilchen vom Grab seiner geschiedenen Frau. Wer früher das erste Veilchen fand, deckte es ab, holte die Nachbarn, sogar Fürsten, wie das Gemälde im Wiener Ratshaus zeigt. Man feierte und durfte einen maßvollen und gerechten Wunsch äußern.

E.B.L.
1911

GOLDLACK

Treue im Unglück

Wenn eine Mutter ihr Kindlein tut kosen,
Fallen Blüten ins Fenster hinein
Nelken, Margriten, Gelbveiglein und Rosen,
Kost eine Mutter ihr Kindelein.

AUS: WENN EINE MUTTER IHR KINDLEIN TUT WIEGEN,
VOLKSLIED

Goldlack, die Lieblingsblume Kaiser Karls des Großen, ziert seit dem Mittelalter die Gärten. Als *Gelbveiglein* berühmt, trugen ihn Ritter beim Minnedienst, Damen als Fest-Strauß und alle als Kranz beim Feiern. Er wurde um Bienenstöcke herum angepflanzt, damit die Bienen, geleitet vom Duft, leichter heimfanden. Bei schweren Geburten verbrannte man Goldlack, um der Gebärenden zu helfen, und mit dem Öl behandelte man Geschwüre und Augenentzündungen.

Die symbolische Bedeutung des Goldlacks erklärt eine schottische Geschichte: Scott of Tushielaw liebte Elisabeth, die Tochter eines hohen Adligen, die dieser jedoch einem Prinzen versprochen hatte. Als Sänger verkleidet, wollte Scott sie entführen. Zum Zeichen des Einverständnisses warf sie eine Goldlackblüte aus dem Fenster. Als sie selbst die Mauern hinunterkletterte, stürzte sie ab und starb. Von da an zog Scott als Sänger durchs Land. Mit Goldlack geschmückt, sang er Lieder über die Liebe und die *Wallflower*, das *Mauerblümchen*.

Diese ist also seither nicht Symbol für Mädchen, die keiner zum Tanz holen möchte, sondern für die Treue Liebender im Unglück.

Seerose

Reinheit des Herzens

Die Rose öffnet sich zu ganzer Lieblichkeit
Und bettet in das Herz des Sees sich ein.
Geliebte, öffne Dich, laß mein Herz sein
Der See, darin Du wohnst für alle Zeit.

Alfred Lord Tennyson (1809-1892)*

Seerosen verrieten den frühen Griechen, wo sich Wassernymphen tummelten: schöne, reine, gefühlskalte Wesen, die sich für Erotik wenig interessierten. Göttinnen sind Prinzipien, unwandelbar; Menschen dagegen können sich ändern und erwärmen, bis die Glut der Rose über die Kälte des Wassers dominiert.

Bildnachweis

Birmingham Museum and Art Gallery
S. 25 Jean Francois Raffaelli, Das Erwachen

Bridgeman Art Library
S. 2 Emma Sandys, Porträt eines Mädchens im blauen Gewand (Privatbesitz); S. 13 Sir Lawrence Alma-Tadema, Die Bäder Caracallas (Privatbesitz); S. 23 John Byam Liston Shaw, Wahrhaftig, das Licht ist süß ... (Privatbesitz); S. 30 Walter Crane, Frühling (Roy Miles Fine Paintings); S. 31 George William Joy, Blumen zum Dinner (Oldham Art Gallery); S. 33 Frederick Morgan, Schätzchen (A & F Pears Ltd., London); S. 37 Anthony Frederick Augustus Sandys, Schatten der Liebe (Christies, London); S. 43 Edgar Bundy, Blumenpflege (Eaton Gallery, London); S. 44 Alfred Parsons, Der Garten (Kuratorium der Königl. Aquarell-Gesellschaft, Bankside Gallery, London); S. 45 Sir John Everett Millais, Die Nachdenkliche (Privatbesitz); S. 47 Arthur Devis, Sir John Strickland und Gattin (Ferens Art Gallery, Hull); S. 50-51 Frederick Jackson, Im Garten (Christopher Wood Gallery, London); S. 52 Georg Handel Lucas, Lied ohne Worte (Roy Miles Fine Paintings); Peter Krämer, Beim Briefelesen (Josef Mensing Galerie, Hamm-Rhynern); S. 54 Abraham Soloman, Mädchen im Stuhl (Sammlung Forbes Magazine, New York); S. 56-57 Lucas van Valkenborch, Frühling (Privatbesitz); S. 58 Davidson Knowles, Flieder (Christopher Wood Gallery, London); S. 59 James Jacques Tissot Der Fliederstrauß (Christies, London); S. 64 Edward Burnes Jones, Ringelblume im März (Piccadilly Gallery, London); S. 66 Florent Willems, Der Spiegel (Galerie George, London); S. 67 Alonso Sanchez Coello, Die Infantin Isabella Clara Eugenie (Rafael Valls Gallery, London); S. 71 James Jacques Tissot, Die Witwe (Roy Miles Fine Paintings); S. 76-77 Sidney Harold Meteyard, Ich bin halbkrank von den Schatten, sagte die Lady of Shalott (Stiftung Präraffaeliten); S. 87 Jan van Steensel, Rosen im Korb (Gavin Graham Gallery, London); S. 88-89 Sir Lawrence Alma-Tadema, Die Rosen des

TULPE

Rote Tulpe – Liebeserklärung
Vielfarbige Tulpe – Schöne Augen
Gelbe Tulpe – Hoffnungslose Liebe

Mazenderan, unser Land, sei gerühmt,
Beständig sein Boden gebaut und geblümt.
In seinen Gärten ist immer die Ros,
Auf seinem Gebirge die Tulp und Zeitlos.
Die Luft ist lind, grün Auen sind,
Nicht kalt, noch heiß, stets Frühlingswind.
In Gärten singt die Nachtigall,
Das Reh geht auf der Berge Wall.
Nie ruht es aus von Fest und Tanz;
Durchs ganze Jahr ist Duft und Glanz.
Von Rosenwasser fließt sein Bach,
Sein Duft macht Seelenfreuden wach.
September, Oktober, Dezember und März
Siehst Tulpen du dort allerwärts.
Der Bäche Saum ist jahrlang smaragd,
Überall ist der Falk auf der Jagd.
Allerorten ist Schmuck bereit,
Gold, Sammet und Seiden und Kostbarkeit …
Wem nicht zu Gesicht kam dieses Land,
Der hat nicht die wahre Freude gekannt.

FIRDUSI (936-1020) / FRIEDRICH RÜCKERT (1788-1866)

Der Name der Tulpe, *tulipant*, stammt aus dem Persischen und bedeutet *Turban*. Liest man das Gedicht des Persers Firdusi, in dem er seine Heimat als Tulpen-Land verherrlicht, so könnte man glauben, die Perser und übrigen Orientalen versuchten, sich mit Turbanen zu schmücken, um schön wie Tulpen zu sein. Muhammad Ikbal behauptet gar, Allah habe aus dem Glanz der Tulpen die Sterne erschaffen. In Konstantinopel feierte man prunkvolle Feste zu Ehren der Blume, die das osmanische Staatswappen zeigt, bei denen nachts Schildkröten mit Lampen auf dem Rücken zwischen den Tulpenbeeten herumkrochen. Der österreichi-

Heliogabal (Privatbesitz); S. 99 Claude Monet, Der Garten des Künstlers in Vetheuil (National Gallery of Art, Washington).

Christopher Wood Gallery
S. 79 George Samuel Elgood, Phlox, eine Studie

E. T. Archive
S. 61 Charles Allston Collins, Klostergedanken (Ashmolean Museum)

Fine Art Photographic Archive
S. 7 Raimondo De Madrazo, Geburtstagsgrüße; S. 11 James Thomas Watts, Der zahme Hase; S. 12 Annie Feray Mutrie, Anemonen; S. 14 Charles Haigh-Wood, Der Bluebell-Wald; S. 15 E. Richardson, Schwalbenjagd; S. 18 Emile Vernon, Nelken; S. 19 Charles Sillem Lidderdale, Eine dunkle Schönheit; S. 21 Eugene Henri Cauchois, Nelken und Rosen; S. 24 Sir Frederick William Burton, Träume; S. 28 Unbekannter Künstler, Die Feenkönigin; S. 29 Jan van Huysum, Vase mit üppigen Sommerblumen; S. 32 David Fulton, Gemütlicher Nachmittag; S. 34 George Hilliard Swinstead, Eine glückliche Familie (Ausschnitt); S. 35 James Elder Christie, Die Löwenzahnuhr; S. 38 George August Holmer, Fingerhut; S. 40 Edwin Steele, Stilleben mit Blumen; S. 41 Elegante Gestalt, I. van Mikuliecz; S. 49 Marcus Stone, Abwesenheit macht das Herz zärtlicher; S. 63 Unbekannter Künstler, Maiglöckchen; S. 68-69 Walter MacLaren, Gedanken; S. 70 Emile Vernon, Kapuzinerkresse pflücken; S. 73 Sir Frank Dicksee, Mädchenbildnis; S. 74 William Holyoak, Der Schutzwall; S. 80-81 Henri Hippolyte Dubois, In der Prärie; S. 82 John William Godward, Der Pfauenfreund; S. 83 Unbekannter Künstler,

Ein Mohnkorb; S. 85 John White, Schlüsselblumen; S. 86 Delphin Enjolras, Eine Pause zum Nachdenken; S. 91 Firmin Baes, Elegante Gestalt; S. 92-93 Henry Thomas Schafer, Zeit der Rosen; S. 94-95 Charles Haigh-Wood, Sammelt Rosenknospen, wo ihr mögt; S. 98 Jessica Hayllar, Herbstliches Sonnenlicht (Ausschnitt); S. 101 Jan van Kessel, Stilleben mit Frühlingsblumen; S. 103 Guillaume Van Strydonk, Elegante Dame im Zimmer; S. 104 Edmund Blair Leighton, Die Fahne wird genäht; S. 110 Madeleine Jeanne Lemaire, Stilleben mit Veilchen.

National Museum and Galleries von Merseyside
S. 96 Sir John Everett Millais, Ehrenpreis für den kleinen Liebling

National Portrait Gallery, London
S. 17 George Frederic Watts, Dame Alice Ellen Terry

Royal Horticultural Society
S. 10 Amaryllis: Mrs Loudon's Bulbous Plants; S. 20 Chysanthemen: Mrs Loudon's Ornamental Perennials; S. 46 Geißblatt, S. 48 Hyazinthe, S. 78 Phlox, S. 97 Ehrenpreis, S. 105 Goldlack: Curtis's Botanical Magazine.

Gertrude Jekyll and G.S. Elgood, Some English Gardens
S. 25 Beatrice Parsons, Akeleien

Tate Gallery
S. 60 John Singer Sargent, Nelke, Lilien, Rose

Terra Museum of American Art, Chicago
S. 106-107 Charles Courtney Curran, Seerosen (Sammlung Daniel J. Terra)

Umschlagbild: Bordüre: E.T. Archive; Medaillon Der Fliederstrauß: James Jacques Tissot (Christies, London, The Bridgeman Archive)

PENHALIGON'S VEILCHENDUFT

Zu Ihrem Vergnügen wurde dieses Buch mit Penhaligon's Veilchenduft ausgestattet; denn was wären Blumen ohne Duft! Patrick Süßkind meinte, der Duft habe eine Überzeugungskraft, die stärker sei als Worte.

Seit der Antike hat man das Veilchen als etwas ganz Besonderes geschätzt und verehrt. Es war die Wappenblume Athens, der Stadt der Künste und der Weisheit. Im 19. Jahrhundert liebte man Veilchen besonders und Blumenverkäuferinnen – wie Eliza Doolittle – gab es an allen Straßenecken. Wenn Veilchen heute noch so beliebt sind wie eh und je, spricht das für die Macht ihres Duftes.

Sheila Pickles *Angelika Koller*

Die englische Originalausgabe erschien erstmals 1990
bei Pavilion Books Limited, London, unter dem Titel:
Penhaligon's Scented Treasury of Verse and Prose.
The Language of Flowers.

Gestaltung: Bernard Higton
Bildauswahl: Lynda Marshall
Die mit * versehenen Gedichte wurden ins Deutsche übertragen
von Angelika Koller.
Manufactured in China

ISBN 3-7607-1133-2

Wenn Sie weitere Informationen über Penhaligon's Veilchenduft, den Duft, mit dem dieses Buch parfümiert wurde, andere Düfte oder weitere Penhaligon-Artikel wünschen, schreiben Sie an: Penhaligon's, 41 Wellington Street, Covent Garden, London WC2.